Love

A Poetry Book About Love....

By

Natalie Amanda Nelson

Grosvenor House
Publishing Limited

This book is published by
Grosvenor House Publishing Ltd
Link House
140 The Broadway, Tolworth, Surrey, KT6 7HT.
www.grosvenorhousepublishing.co.uk

A CIP record for this book
is available from the British Library

Paperback ISBN 978-1-80381-857-3
Hardback ISBN 978-1-80381-858-0

Table of Contents

Introduction

My poems are made up of my past experiences, my visions, and my dreams.

A lot of my knowledge and life lessons have been added in somewhere.

To create.....

in a way, where you can enjoy and love my work.

I am also a romantic individual.

Who does not want to own a poetry book about love and romance.

I know I do.

To love and be loved is a beautiful feeling.

Love is all one needs.

What is love

....

What is love

Love is a feeling
Love is an emotion

A beautiful feeling
That comes and goes

Comes with the ups
And the downs
It's the only answer
The only way
I can express to you today

Gives us all hope
In times of need
Lifts people's hearts
Like the beautiful sun and the stars

Years go by

Years go by, we learn, we cry
And all we have is the now
So grab life to the full
Give it a smile
Give thanks to the Lord
Enjoy those little times
For the now will be the past
Tomorrow will be the now
Oh my the years go by
So give it a smile

A heart so pure

I love with all my heart
So pure and so true
I don't question
I don't seek
I just, love unconditionally
From me to you

To love my love
Makes me, so happy
Inside
Faces light up
Eyes so bright
Unconditional love is all I give
From the moment
I open my eyes

My heart dances
My mind is free
My soul is alive
Because I love
Unconditionally

Love and peace

To love and to hold
Is all this world needs
To create a unity
Of love and peace

The gift of love

The gift of love I send your way
A beautiful human is what you are
You have a heart full of love
An angel, that always guides
For each and every day
A beautiful blessing you are
And thank you always
For this I send
A gift of love your way

My sunshine

You make me smile
My heart jump for joy
The sunshine in your eyes
I could not ignore

Your smile is so beautiful
That lights up my life
Oh so very grateful
That you are in my life

I love your laugh
I love your wit
A smile always
Within my heart

Don't doubt your light
You are so bright
My love
I'll be your sunshine tonight

I love your wink
I love just you
Thank you always
From me to you

Here is a wink ;)
Just for you
My sunshine
Oh darling
I love you

This love is like the ocean

This love overflows
Like the ocean
Through me
In me
It has no ending

So clear, so pure
So deep
In the depths of my soul

Whichever direction
It takes me
It always comes back
Through faith
Through love
Through strength

The power
Of the wave
No one can get in the way
Deep, so clear
A love like the ocean
Through the motion
Sweeps through my soul
Vibrating sweet ecstasy

Roses are red/2 beautiful smiles

Roses are red
Violets are blue
You are so hot
So am I too

Your smile is so beautiful
That lights up my life
You wait til you see mine
You will make me your wife

Have a lovely day
From me to you
I love you

Always unconditional love

Unconditional love then
Unconditional love now
Always forever
My heart, my world
My everything

Unconditional love is all I need
You and me forever for eternity

Beauty in your smile

Let's talk
About your smile
This smile of yours
I keep in my heart

Heals every part of me
Through pain and sorrow
I was so lost, inside
But your smile
Oh your beautiful smile

A smile
In your eyes
A smile
In your soul
A smile
In your heart
This beautiful smile
I keep so close to my heart

This feeling of mine
I cannot explain
Let's just say
There's beauty in your smile
In every way

In your eyes

Your eyes are full of rainbows
That has me in a trance
Your soul is so beautiful
That makes me wanna dance

You pull me in
Through the depths of your soul
Like no other

To explain this feeling
Through your beautiful eyes
Makes me so happy

The rainbows that shine through
Make my heart
Sing and dance

This feeling inside
Oh my
This feeling inside

I'm so alive
There's so much
Beauty in your eyes

Your future welcomes you

Your past may have broken you
Your present loves you
And your future welcomes you

Moon, sun and stars

Your my moon child
Your my sun
Your my stars
In the sky, your my world
Yes you

Every day and every night
Joy and love
Fills my soul/ body and mind
Thinking of our future
And all the generations to come

Pets all around us
Children laughing out loud
Family that we keep close
A bubble of protection
Our safe and happy home

Together we shine

I am your angel
You are mine
Together we shine
As bright as the stars
The sun in our eyes
And dance to the moonlight

My angel

You are my angel
And I know this angel is yours too
To hold
To love
To cherish
Until our last breath
My angel
You are
My dream come true

Beauty from within

Your soul shines so bright
So bright
You have always been my light

The beauty from within
So pure and true
Oh baby, I love you

From day one
You were my knight
A shining knight my dear
Beauty from within
Keeping me going

Keep shining for me
Keep shining for you
And this love
Will always be true
Forever
I know I will never lose you

Contract

Life is like a contract
It comes with
The pros and cons
Ups and downs

Live every day
With a grateful heart
Love
Love without measure
For life is like a contract
So enjoy the ride

I love you so much

I love you so much
This feeling inside
I can't control
This love, tell me why

It sets my soul on fire
So much passion inside
Ignites, this flame so bright
For you
Only for you

Bit by bit
Day by day
This love strengthens
We are gonna take it all the way

I see my life, in front of my eyes
Church bells
Family
And our pets next to us
Running on either side

The giggles we share
Our secrets untold
For you my love
This special bond
I will hold tight

We hold each other
Dance to the moonlight
The sun rises in our eyes
My love for you will never die

A shining star

A shining star
Is what you are darling

You may not know
How special you are

In this world
There's darkness and pain

But you, yes you
You shine so bright
And radiate
So much love and light

Always

A shining star is what you are
You are so special
So special to me
Always darling
Your in my heart

Through the lows and the highs

Your always by my side
Through the lows and the highs
This journey
That we are on
Is so beautiful, I'm so high
With this pure love
I can reach the sky

I know we have had our falls
I know we have not talked
I know the tears we
Have cried
But remember
I am always by your side

Through the lows
Through the highs
Journey til the end
My tears I've cried
Wanting to give it all away
But I know
You want me to stay

Let's get through this
Let those barriers down
This love is pure
My love
I'm so in love with you
And I know you are too

My world alights

You light up my world
A dream come true
The day I saw you
Was wow
A light shined in me too

Why you so beautiful
Your eyes shine like the stars
Your personality is so unique
You make me very weak

I love just you
I love every part of you
I love you
Yes I love you
Darling
You are my dream come true

My heart I give to you

This heart of mine
So pure and true
I give to you
Cause I love you

Don't doubt our love
I know you do
I promise you this
I will love and care for you

When your days are hard
When you feel so alone
Please find comfort
In me, your never alone

We walk this road together
Through the highs and the lows
The tears we share
I'll wipe away
Cause your my true love
My only soul, we are as one
Our souls entwined, so take my
Heart and love it so

You are always

You are always
My true love
From the day
I looked in your eyes

Into your soul
I saw your light
Wrapped in your arms
I felt your
Excitement, so happy inside

Only you can give me
Feelings of pure delight
Connected our souls
Blood pumping in our veins
The passion inside

Oh my
I'm so alive
I'm so alive
I'm so alive

The chance to love

I want this chance
To love and hold
To sooth and complete my soul

Love me, love me, hold me so tight
Your eyes
Tell me all
Your words
Make me feel
So safe inside

In your arms I lay
Hearts beating as one
A kiss you give
A beautiful, enduring kiss

I'm so happy
My soul is shining so bright
Love me, love me, hold me so tight

This chance we have
This love we share
Wow,
It's so beautiful
I'm in heaven
No one compares

So please love me, hold me, yeh, yeh yeh
And never
Never let me go, never let me go

Don't doubt our love

Don't doubt our love, my love
Why do you so
For it's only positive
Beauty in the unknown

Sweet and so pure
Our love is true
It's one in a million
Our love
My love
I love thee

So never doubt
Never worry
Just enjoy the ride
Focus on the good things

Abundant we are
In all areas of life
Not just the gold
But the blessing
Called LIFE

Unity

Look into my eyes
What do you see
The other half of you
That was missing

Hate is not the answer

Some will hate, some will stare
Our love, is so pure
That's why, some will glare

We share a love
For all to see
Not all will be happy
But we are so free

We shall not hate
Spread love for all
Don't worry about the hate
Just worry about the fall

Fall into my arms
Let our souls connect
Ignite the flame
Which burns inside

So we shall not hate
Shine our love
For all to see
Cause this love of ours
Is forever
For eternity

Say you love me

Say you love me too
Like I love you

Say you care for me
Like I care for you

Say those words
From your soul to mine

For our love is so pure
It's one of a kind

I love you
Say you love me too

Hard to love

This girl is so hard to love
So hard indeed
But with the right person
She will give her all to thee

She comes across cold
Distant at times
But really deep down
She's loving, so sweet
Caring and loyal
So sexy
If you get what I mean

Break down her walls
See through to her soul
You will, I promise
Have a beautiful wife
To love and to always hold

The one

You are my only love
The one
I hold close
To my heart
Forever
Until the day we part

To fall just once

She loved only one
But that was not meant to be
While not thinking, about another
Closed down her heart
To heal and to mend

Suddenly she caught feelings
A boy so cute
With eyes so kind
She lay in a daze
Nothing else on her mind

Maybe she would try
Give this a go
He loved her like no other
Gave her his world and heart

For she was the only one
He wanted to love and hold

Happy and joyful moments
Taking it always day by day
He turned out to be
The lost long love she had dreamed
He would be

A beautiful romance
A lifetime wait
A long and beautiful journey ahead
All the plans fell into place

Before she could stop it
How much she wanted to try
For he had loved her his whole life
And wanted to make her his wife

To fall just once
Maybe twice

For love is the answer
Two souls entwined
Call it destiny or fate
A long lost love
A gift from the heavens above

To fall just once, maybe twice

You came into my life

The day I saw you
My heart jumped for joy
My eyes lit up
A smile so big
My heart also skipped a beat

It changed my life
You changed my life
With so much delight
Deep in my soul, hidden beneath
I kept it
Close to my heart, for me to keep

I knew for sure
A blessing in disguise
From the heavens above
From the day I looked into your eyes

You came into my life
I'm so happy inside
Thank you from me to you
I will always remember
The day I saw you

Safe in your arms

The moment we touched
Your arms
Wrapped around mine
A hug
So tight
Souls connected as one

Releasing my tears
Of joy
Confronting my sorrows
You wipe away
To start my day

The time you give me
The ears that listen
No words we speak
Just a hug
So tight and warm
Safe and secure
A dream come true
For me
It's always you

Always by your side

Like we always say
For sickness and in health
When your days are low
And you see nowhere
To go
I'll be by your side
Shining my light inside

Just call my name
Just say a pray
For my love for you
Is so very rare

We will get through
This storm
One day at a time
Future times
Those happy thoughts
Will shine through
For all to see
For I am always by your side
And will never make you
Feel alone
My love, my dear
My soul
Your so special
And I hope you know

I love you so much

I love you so much
My heart
My soul
My body
Aches

I can't wait
To see your face
Tears will cry
A smile
A hug so tight

You bring me home
To a place
So warm
So safe

Your the one
That is a light in my life

My eyes come alive
My heart fills with love
Unconditional
I love you
I love you so, my home, my life

Forever eternity, together on our way
Making beautiful memories, day by day

My only one

My gentleman
My soul
My only one
In your eyes I see the world
Through the storm
We can make it through
Whatever comes our way
As your love
Gives me strength
To conquer this life ahead
Day after day

Yes my love

Yes I do
Yes I will
Yes I want you too

I've always loved you
From the day my eyes found you
That smile of yours
Lights up my life
Your voice, calms me thoughout
The night

I love you
Yes my love
I do
Don't question me
For times I'm far away
Just in my day dream
Just in my little world
Thinking of me and you

Let's go away
Switch off from the darkness
Find somewhere
To share our love
For we could do with
Some
Precious time, yes precious time
Just me and you

I love you
Yes
Yes
Yes I do
My love always
It's always been you

Together forever

Our love will grow
Through the depths
Of our soul

Moment we met
Moment we shared
Memories we had
Future is untold

You
Me
Us
No one
Will break this bond
No one
Will come between
A love
So sweet
So true
You baby
Make me
So happy
A love that will last through eternity

Why do you question a love so pure

Why do we question
A love so pure
When the love is sent
From the heavens above

A gift to us
For all we have done
On our journey
Forwards and beyond

A gift so pure
A million in 1
A feeling inside
So fuzzy and warm

We should accept
The heavens gift
To share hope
To share a dream
To show the
World
How much you mean to me

So I will never question a love
So pure
As I deserve it more and more
Grateful and blessed
So very happy
Deep down inside my chest
I am only deserving of the best

My forever

In your eyes
I see us
In your eyes
I see forever

Tears we share

Tears fall down my face
Happy
Sad
All the emotions
I feel inside

You make me so happy
Sometimes I cry
Remembering the moments we shared
Then I smile

Tears of joy
Mixed emotions
Day by day
Happy and sad, joyful and bright

I let the tears come
Falling, down my face
Thinking of the memories
And the future
We will share, together
Day by day

All I want

All I want
Is to be held
So tight
Wrapped in your arms

A love so pure
Unconditional
Is this too much to ask
I don't think so
My dear, my love of my life

Safe and secure
A love so deep
A kiss so pure
Forever for eternity

All I want
Is you by my side
To love and to hold
To smile and laugh
To create memories
To share
My love so deep
That's enough, for me to keep

Feelings so close to your heart

Why do you keep
Your feelings
So close to your chest
A wall wrapped
Around your heart
Keeping us apart

Let your love shine through,
For me
To see the real you

I know the Real you
I can see through that wall of yours
But I wait
Patiently
For you to reveal all
The imperfect, perfect you

So let down your guard
Let me in
We can make beautiful memories
Divine magic
For forever, eternity, perfect love
Just the two of us
This is a must
My love, I love you

Gentleman

My gentleman
My best friend
The love of my life
Forever for eternity

Our hearts beat as one
Our minds think alike
Together we conquer

This world
As the days pass us by
Watching the beautiful skies above
Both smiling inside

Beautiful soul

Your soul is so beautiful
That radiates
For all to see

I admire your charm
Your love, your ways

For you are so special
Gifted and unique

That's why I love you
Beautiful soul
So delicate and so true

My darling
I love that you shine
And show the whole world
The true you

Look into my eyes

Look into my eyes
What do you see
A 10/10
The girl of your dreams

Baby ocean blue eyes
That has you in a trance
Lips so soft and kissable
That makes you want to dance

I am a 10
You know that anyway
So let those walls down
Baby
And fall into my arms

You and me

You
Me
For eternity

You Me
Forever

You and me
You
Always complete me

You touch my soul

You touch my soul
Like no one else
A flicker inside
That keeps me alive

I hope you know
How much you mean to me
I wish I could tell
You
You are my only dream

My love I give
Is one of a kind
For you
My bestfriend
The love of my life

Forever yours

So here are my poems
From me to you
I love you
I miss you
My heart breaks in two
Thinking about you
Forever yours
My love for you
Will always be
True

Maybe

Is there a chance
I could get you back
Maybe
Let me find my voice
Let me love me
And maybe in time
We can be together for eternity

Self love is a must

Self love
Self love
Self love is a must
How hard can it be

But once we can understand
Why to love
It can set our soul free

Self love
Is so hard
I know, cause I try
But it's the key to
All happiness and joy outside
And inside

Peace and love

Peace to you all
Light to you all
Love to you all
God bless you all

Thank you

Thank you for reading my poems
Thank you for taking the time out of your day
I send lots of light and love
For your journey into the unknown
From me to you
Thank you and God bless you

Author: Natalie Amanda Nelson

9 781803 818573